Jean Marie Pendy Mouckoumbi

30 POÈMES CHRÉTIENS

Jean Marie Pendy Mouckoumbi

30 POÈMES CHRÉTIENS

Poésie chrétienne (Tome 1)

Éditions Muse

Cover image: www.ingimage.com

Publisher:
Éditions Muse
is a trademark of
Dodo Books Indian Ocean Ltd., member of the OmniScriptum S.R.L Publishing group
str. A.Russo 15, of. 61, Chisinau-2068, Republic of Moldova Europe
Printed at: see last page
ISBN: 978-620-2-29737-0

30 POEMES CHRETIENS

Poésie chrétienne (Tome 1)

Des paroles mélodieuses religieuses pour la Gloire du Seigneur des paroles mélodieuses religieuses à l'endroit de Jésus notre Sauveur. Des mélodies pour rappeler au Seigneur ses promesses, des mélodies pour nous éloigner de la tristesse. Des expressions mélodiques qui nous encouragent et nous rassemblent, des expressions mélodiques qui nous rapprochent de celui qui nous ressemble…

Jean Marie Pendy. M

JESUS-CHRIST

EST

SEIGNEUR

30 POEMES POUR LA GLOIRE DE L'ETERNEL

Des paroles mélodieuses religieuses pour la Gloire du Seigneur
des paroles mélodieuses religieuses à l'endroit de Jésus notre Sauveur.
Des mélodies pour rappeler au Seigneur ses promesses,
des mélodies pour nous éloigner de la tristesse.
Des expressions mélodiques qui nous encouragent et nous rassemblent,
des expressions mélodiques qui nous rapprochent de celui qui nous ressemble...

30 Poèmes

Chrétiens

Poésie chrétienne
(Tome 1)

Par Jean Marie Pendy. M
E-mail : pendyjm.eddy5@gmail.com

EXPRESSIONS MELODIQUES RELIGIEUSES

30 POEMES CHRETIENS

Introduction

Paroles mélodieuses religieuses…

Pour tous ceux qui marchent sur la voie du Seigneur,
et ont fait de Jésus leur Sauveur.
Pour tous ceux qui veulent connaitre les voies insondables de l'Eternel.
et vivre dans ce monde périssable en êtres immortels.
Pour tous ceux qui ignorent la Grâce accordée à l'Humanité,
et qui se tiennent alors éloignés de la face de celui qui règne dans toute l'éternité.
Pour encourager, pour fortifier, pour guider tous ceux qui ont été cités plus haut,
Mais aussi pour adorer, pour célébrer, pour magnifier
celui que l'on a nommé le Très-Haut…

Méditation et Prière

(Psaumes : 25. V 1 & 2)
De David. Éternel! J'élève à toi mon âme.
Mon Dieu! en toi je me confie: que je ne sois pas couvert de honte!
Que mes ennemis ne se réjouissent pas à mon sujet!

(Proverbes : 1. V 7 & 8)
La crainte de l'Éternel est le commencement de la science;
Les insensés méprisent la sagesse et l'instruction.
Écoute, mon fils, l'instruction de ton père,
Et ne rejette pas l'enseignement de ta mère;

(Ecclésiaste : 2. V 16)
Car la mémoire du sage n'est pas plus éternelle que celle de l'insensé,
puisque déjà les jours qui suivent, tout est oublié.
Eh quoi! le sage meurt aussi bien que l'insensé!

(Cantique : 2. V 1 & 4)

Je suis un narcisse de Saron, Un lis des vallées.
Il m'a fait entrer dans la maison du vin;
Et la bannière qu'il déploie sur moi, c'est l'amour.

(Matthieu : 6. V 9 à 13)

Notre Père qui est aux cieux!
Que ton nom soit sanctifié;
que ton règne vienne;
que ta volonté soit faite sur la terre comme au ciel.
Donne-nous aujourd'hui notre pain quotidien;
pardonne-nous nos offenses,
comme nous aussi nous pardonnons
à ceux qui nous ont offensés;
ne nous induis pas en tentation,
mais délivre-nous du malin.
Car c'est à toi qu'appartiennent,
dans tous les siècles, le règne,
la puissance et la gloire.
Amen!

01 Quand vous aurez l'amour

Quand vous aurez l'amour les uns pour les autres
jusqu'à vous supporter dans vos faiblesses
quand vous prierez les uns pour les autres
et que parmi vous tout est tendresse

Quand vous aurez l'amour pour vos ennemis
jusqu'à bénir celui qui vous trahit
quand vous aurez l'amour pour vos ennemis
jusqu'à bénir celui qui vous maudit

Alors je vous reconnaitrai
et je vous bénirai
je serai votre Dieu
en tout temps et en tout lieux

Vous serez mon partage
et moi votre héritage
le Berger de vos âmes
qui essuie vos larmes

02 Le beau nom de Jésus

Je chante la gloire d'un Nom
le nom au-dessus de tous noms
le nom dans lequel nous avons le pardon
et qui nous donne la guérison

le nom de celui qui est pour nous un Don
et dans lequel nous prions
le plus beau nom de tous les noms
dans lequel sans crainte nous marchons

C'est le nom que j'ai reçu
le plus beau nom que j'ai connu
dans le ciel et sur la terre il n'y en a plus
le beau Nom de Jésus

03 Le Doux nom de Jésus

Le doux nom de Jésus
c'est le seul que j'ai connu
le doux nom de Jésus
c'est le seul que j'ai reçu

Porteur d'espoir pour la liberté
rappelle le Sauveur de l'humanité
juste en l'écoutant
on en meurt de sympathie
même en le chantant
on éprouve ce qu'est la vie
en le prononçant
il est un secours pour le repenti

Merveilleux nom
oh quel doux son
Il est ma portion
dans la cité de Sion
merveilleux nom
comme une belle chanson

04 Je chante d'allégresse

Je chante d'allégresse
mon Dieu est vivant
fini ma tristesse
Il est Tout-Puissant
que l'espoir renaisse
car il est présent

Je chante d'allégresse
que s'éloignent mes faiblesses
car dans ma détresse
et des ennuis qui m'oppressent
Tu es ma forteresse

Je chante d'allégresse
Jésus est pour moi
Il est ma promesse
je garde la foi
que sa Vie paraisse
car en Lui je crois

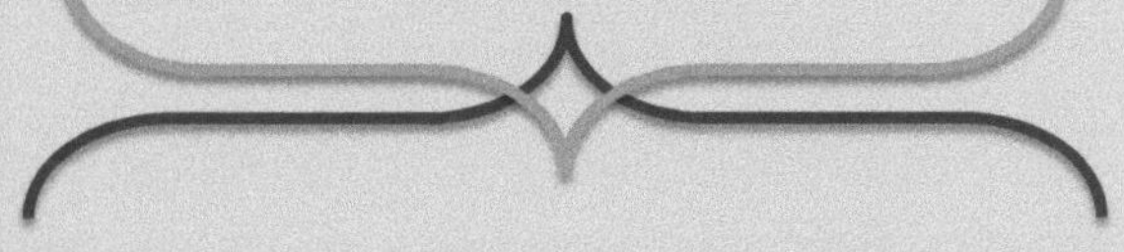

05 Célébrons le Dieu de Gloire

Célébrons le Dieu de Gloire
qui nous donne la Victoire
par son sang expiatoire
maintenant nous pouvons croire
et nous pouvons voir

Qu'il fait pour nous des merveilles
par sa Puissance éternelle
Il nous a donné le réveil
Il fait de nous des Immortels
Il est notre Soleil

Il est notre Roi excellent
sa parole fait loi parmi les grands
son Nom est chanté dans les cieux
en tout temps et en tout lieux

06 Les mots de Dieu

Les mots de Dieu ont retenti
en nos langages d'hommes
ma voix se lève car Il a payé le prix
par l'esprit qu'Il me donne

Dans son Amour Il m'a aimé
et m'a donné sa Grâce
par sa mort Il m'a sauvé
pour qu'un jour jr voie sa face

Les mots de Dieu ont raisonné
à la portée des hommes
pour ses merveilles je veux le chanter
car c'est Lui qui pardonne

Mes péchés sont jetés en oublis
toute ma confiance repose en Lui
et lorsque vient l'orage
Il me dit prend courage

07 Général à 5 étoiles

Général à cinq étoiles
qui dirige mes combats
Chef de l'armée de l'Eternel
ta Puissance qui se dévoile
et la force de ton bras
chasse les armées qui se rebellent

Sois l'ennemi de mes ennemis
je ferai de toi mon fidèle ami
sois l'adversaire de tous mes adversaires
je ferai de toi mon bien aimé frère
persécute tous ceux qui me persécutent
et je t'offrirai un agréable culte

Sois ma justice au-dessus de toute justice
je t'offrirai mon cœur en sacrifice
viens soulager tous mes supplices
et je serai pour toi un merveilleux fils
Viens combler toute ma vie
et je vivrai alors dans mon paradis

08 Tu es le Maître, le Père

Seigneur tu es le Maître
je t'offre tout mon être
de ton Esprit je veux naître
par te parole te connaitre
car à toi seul je veux être

Je suis une brebis à paitre
par toi grand Berger et prêtre
autour de moi contrôle chaque centimètre
si tu veux simplement le permettre
dans ma vie laisse ta Gloire paraitre

Seigneur tu es la Père
celui que je préfère
accorde-moi ta lumière
ta parole qui m'éclaire
pour vivre une vie qui puisse te plaire

Oui toujours ta promesse j'espère
pour voir ta Gloire moi et mes frères
si nous vivons avec le cœur sincère
tu nous ouvrira ton monde de mystère
pour que nous soyons comblés sur terre

09 Quand l'Amour...

Quand l'Amour s'élance
une force l'accompagne
c'est dans le silence
que la bataille il gagne

Il est plus fort que toutes les forces
présentes dans l'univers
il fera face aux bêtes féroces
et passer à travers

Oui l'Amour est fort
C)comme la mort

Quand l'Amou s'avance
aucune barrière n'existe
car dans sa puissance
rien ne lui résiste

C'est par l'amour que l'on se livre
pour un vrai mariage
et que dedans l'on s'en ivre
comme dans les nuages

Oui l'amour est fort
comme la mort

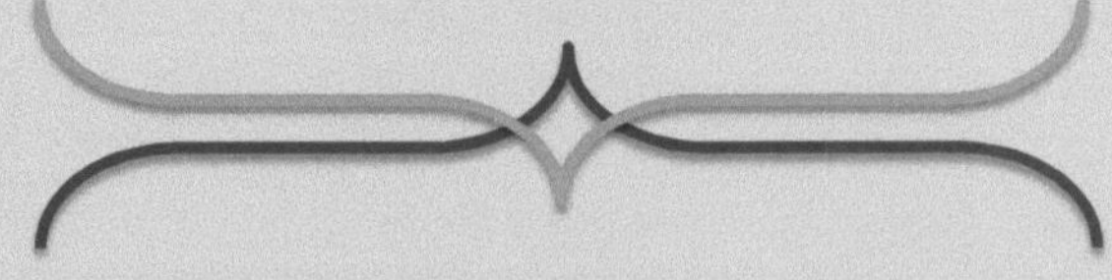

(à suivre)

Quand l'Amour devance
nos ennemis décroissent
car dans sa présence
il n'y a point d'angoisse

Le Roi des rois nous donne victoire
par son Amour
alors vainqueurs nous pouvons croire
en Lui pour toujours

Oui l'Amour est fort
comme la mort

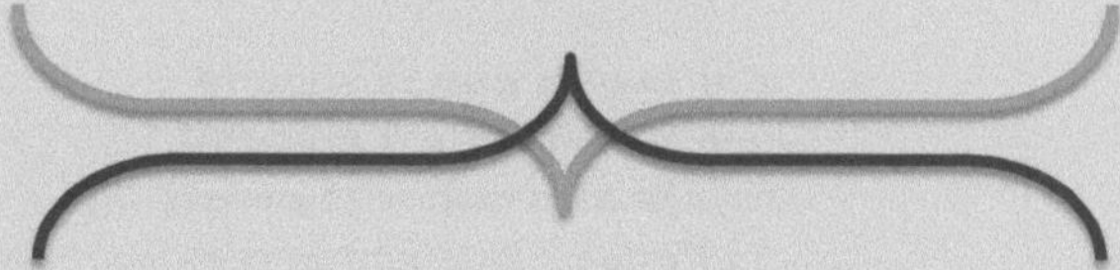

10 Je voudrais être...

Je voudrais être un aveugle Seigneur
pour que ta main me guide vers le bonheur
je voudrais être un sourd Sauveur
pour que ta Voix résonne dans mon cœur

Car je sais que si je vois
j'aurais à discuter
je sais que si j'entends
j'aurais à raisonner

Je voudrais être un muet Seigneur
pour que ma bouche ne dise aucun malheur
je voudrais toute ta Pensée Sauveur
pour que ma vie soit digne du Rédempteur

Car je sais que si je parle
j'aurais toujours à maudire
mais je sais que si je pense
ta Pensée va s'accomplir

11 Il est le Dieu que j'adore

De tous les dieux de la terre
ceux qu'adoraient nos pères
j'ai remarqué un Dieu
qui règne en tous lieux

Il remplit l'univers
créa un ciel ouvert
des espaces verts
des immenses mers

Il est le Dieu que j'adore
Il a vaincu la mort
effacé mes tords
me conduit au céleste port

12 Quand je vois...

Quand je vois Seigneur la nuit sombre
céder au jour qui dissipe l'ombre
comme ce grand soleil qui se meurt
et le jour d'après il demeure

Quand je vois cette herbe que l'on débrousse
quelque temps après elle repousse
comme un arbre aux feuilles qui jaunissent
quelques mois après elles reverdissent

Je pense à Jésus mon rédempteur
mis au tombeau pour quelques heures
et ressuscita un doux matin
tenant tous pouvoirs et le destin
dans sa puissante main

Je veux louer chanter ta Gloire oh Seigneur
et T'adorer de tout mon cœur
car mon cœur se remplit de bonheur
en voyant les œuvres qui démontrent ta Splendeur

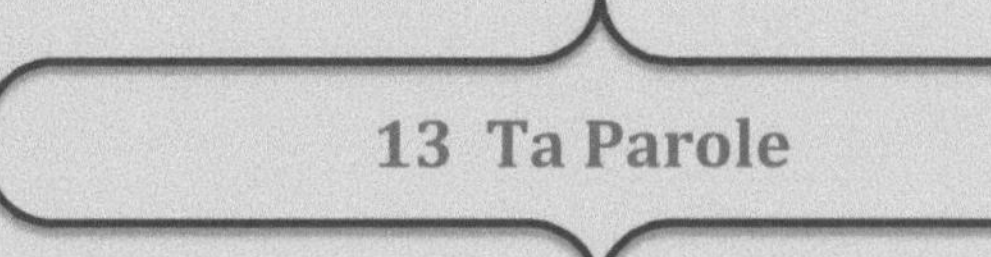

13 Ta Parole

Mets ta Parole dans mon cœur et non dans mon cerveau
accorde-moi une stabilité spirituelle
dans mon cœur elle produira la Vie de Christ l'agneau
dans mon cerveau elle me rendra charnel intellectuel

Ta Parole dans mon cœur me rendra victorieux
m'élèvera au-dessus de mes ennemis
ta Parole dans mon cerveau me rendra orgueilleux
me donnera un esprit horrible de mépris

Ta Parole dans mon cœur me rendra conquérant
me donnera un esprit doux compatissant
ta Parole dans mon cerveau me rendra méprisant
me donnera un esprit grand et important

Accorde-moi ton Esprit
et que je vive ta Vie
oui je voudrais te ressembler
dans une vie d'humilité
avec un cœur d'amitié
accorde-moi ta Simplicité

14 Glorifie son Nom

De son trône de Gloire
Jésus vint sur terre
Il te convie à croire
a l'Amour de son Père

Tu n'es plus esclave
car Il t'a libéré
mais Il te dit lave
ton habit de racheté

Ne te confie pas
à tous tes efforts
mais vas pas à pas
en comptant sur son bras fort

Sache que sur cette voie
il y a des épreuves
mais c'est par la foi
que tu montreras tes preuves

(à suivre)

Vas sur le chemin
celui de la repentance
au pays lointain
tu vivras dans sa Présence

Rien que par sa Grâce
tu verras sa Face
remplis de son Esprit
tu vivras auprès de Lui

Glorifie son Nom
il est plus que bon
son Amour pour toi
dépasse ce que tu crois

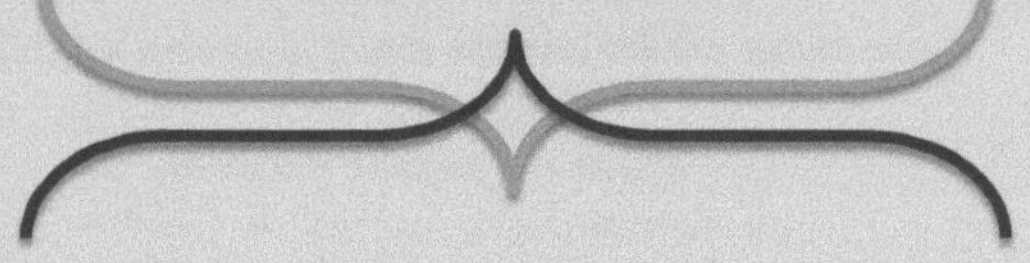

15 Un jour nouveau se lèvera

Un jour nouveau se lèvera
le chant des oiseaux nous accueillera
la douce caresse du vent l'on sentira
et le doux murmure des eaux l'on entendra

Le loup et l'agneau paitront ensemble
sous le contrôle de celui qui rassemble
le splendide paysage
nous changera de visage
il y aura des animaux
tout près des ruisseaux

Nous n'aurons ni soif ni faim
et les soucis de la terre prendront fin
nos fardeaux nos peines finiront
nos douleurs et nos pleurs cesseront
le péché ne sera plus
car dans ce Royaume nous vivrons en Jésus

C'est un séjour éternel
là derrière les portes de perles
unis par des liens fraternels
nous serons chacun dans l'Amour paternel
nous verrons les fleurs les plus belles
car pour nous toutes choses seront devenues nouvelles

16 Le Christ

Le Christ est mort mais Il est vainqueur
de la tombe Il sort en puissance
Majestueux est notre Rédempteur
c'est pour nous jour de délivrance

Jésus s'élève là haut dans la gloire
Il promet son Esprit de grâce
sa présence agir je peux voir
nous conduisant tout droit sur ses traces

Consacre nous Père dans ta Puissance
crée en nous un esprit d'amour
pour montrer la voie de repentance
à ceux qui se meurt sans secours

Fait de nous témoins du Dieu vivant
fait nous porter ta Vérité
marchant toujours tout droit en avant
te proclamer en toute liberté

17 Je suis éternel

Je reviens de l'éternité
car je suis prédestiné
l'Eternel m'a connu bien avant
Il m'a placé ici dans le temps

En Elohim j'étais une pensée
après des années je fus exprimé
puis je fus manifesté
c'est cela la Parole parlée

Tout ce qui t'arrivera
est prédestiné sur ton chemin
le bien ou le mal te profitera
c'est ainsi a dit le Dieu Saint

L'Eternel est Dieu suprême
Il est Dieu omnipotent
l'Eternel est celui que j'aime
Il est Dieu omniscient

18 L'unité

L'unité est le secret d'une victoire assurée
dans l'unité nous marcherons mains levés
debout comme un seul homme
nos chants de victoire raisonnent
même dans nos tords
nous serons fort

Divisés nous serons faibles battus et écrasés
dessoudés nous marcherons pleurant et attristés
oublions nos différences
effaçons nos indifférences
même dans nos tords
nous serons forts

Unis nous serons forts
bâtis comme un grand fort
comme une muraille qui protège un trésor
unis même contre la mort
nous serons plus fort
car l'unité est le secret d'un peuple qui s'en sort

19 Un ambassadeur

Je suis un ambassadeur
mandaté par le Rédempteur
pour effacer tous les chemins trompeurs

Depuis le palais des cieux
soutenu par le Glorieux
je viens avec un message précieux
abandonnez les coutumes de ce monde
rejetez les idoles qui l'inondent

Pour vous Jésus a promit
vous donner le Paradis
et mettre en vous son éternel Vie

Là vous serrez consolés
éloignés des calamitées
écoutez alors obéissez

20 Je connais...

Tu es ma tendresse
mais aussi ma forteresse
démontre la gloire de ton Règne Seigneur
Tu sais que je t'aime
car tu reste le même
c'est dans ta Victoire que je vis Sauveur

Je connais ton Nom
il est pour moi un grand Don
tes bontés sont inépuisables Seigneur
tu vois mes ennuis
quand je marche dans la nuit
éclaire ma vie de ta lumière Sauveur

Je connais ta force
quand tu bombe le torse
ta miséricorde dure à jamais Seigneur
relève ma foi
Tu sais que je n'ai que toi
renverse les murs devant moi Sauveur

Tu es ma force dans la faiblesse
mon réconfort dans la tristesse
relève ma tête devant mes ennemis
j'ai besoin de ton courage
quand devant moi s'avance l'orage
dans toutes mes craintes tu es mon Ami

21 L'expérience avec toi

Mon Père il m'arrive de panser
quand je suis attristé
mon Dieu m'as-tu abandonné
le Dieu de mon salut m'a oublié
certainement Il m'a rejeté

Mais quand je sonde tout au fond de moi
et que je revoie les expériences avec toi
tous les exploits de ma foi
alors se lève en moi un sentiment de joie

Oh qu'il est bon avec toi ces expériences
en temps d'épreuves elles restore la confiance
et même quand vient l'orage
elles me disent prend courage
tu verras le rivage

22 Précieux souvenirs

Précieux souvenirs
des temps en ta Présence
précieux souvenirs
où je tire confiance
précieux souvenirs
j'aime le redire

précieux souvenirs
doux moments de prières
d'un chemin sans barrières
précieux souvenirs
j'aime le redire

Précieux souvenirs
d'un cœur remplit de joie
précieux souvenirs
quand s'exprimait la foi
précieux souvenirs
j'aime le redire

(à suivre)

précieux souvenirs
de communion fraternelle
d'une amitié éternelle
précieux souvenirs
j'aime le redire

Précieux souvenirs
des temps de méditations
précieux souvenirs
des temps de consécrations
précieux souvenirs
j'aime le redire

précieux souvenirs
des temps de supplications
précieux souvenirs
des moments d'adorations
précieux souvenirs
j'aime le redire

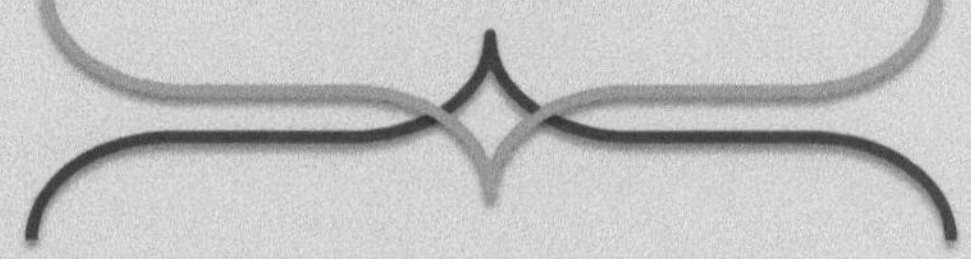

23 Rien n'est...

Rien n'est plus beau que l'épreuve de la foi
grand et si fort est le sang de ta croix
rien n'est si brillant que l'éclat de ta Lumière
tu dresse pour nous tes rayons comme une barrière

Ton Nom est le nom le plus beau
ta Vie est celle qu'il nous faut
ta Présence apaise tous nos maux
ta Gloire nous environne comme un clos

Rien n'est si riche que la vie qui vient de toi
frais et si doux est le son de ta Voix
forte et puissante est ta Présence pour moi
car rien n'est comparable à tout ce qui vient de toi

24 Jésus m'aime cela me suffit

Jésus m'aime cela me suffit
Il est allé jusqu'à donner sa Vie
pour qu'en retour je reçoive son Esprit
et que dans son Royaume je vive auprès de Lui

Comme une reine tout près de son roi
je porterai la couronne de ma foi
me réjouissant de tout ce qui est à moi
car Il est tout ce qui fait ma joie

Laissez les hommes me voir comme un moins que rien
tout ce qu'ils disent dans mon dos ne me dit rien
puisque je sais que Jésus m'aime bien
tout ce qu'Il a tout ce qu'Il est m'appartient

Si je trébuche là sur mon chemin
je n'ai rien à craindre Jésus me soutient
Il me conduit de sa forte main
son Amour m'a compté parmi les siens

25 Mon orgueil mon passé

Dieu de mon espérance
viens dans ton silence
relever ma vie
par la puissance de ton Esprit

Mon orgueil redoute
d'abandonner ta route
quand je regarde dans la nuit
je vois le temps qu'il m'a détruit

Dieu de ma délivrance
vient par ta Puissance
restaurer ma foi
par ta parole que je reçois

Mon passé m'accuse
d'être un pécheur sans excuses
quand je regarde dans la nuit
je vois le temps qu'il m'a détruit

26 Je t'écrirai cette lettre

Seigneur je te ferai une correspondance
où je dénombrerai toutes mes requêtes
car je crois en ta Bienveillance
et tu me donneras ce pourquoi suis en quête

oh oui c'est vrai là se tient ma foi
car je désire recevoir ce qui est à moi
dans ma patience je ne compte que sur toi
car mes besoins ne contredisent pas ta Loi

Je t'écrirai cette lettre
oh toi qui est le Maître
je te ferai ce parchemin
pour que tu me donne mon pain

Oh Seigneur éclaire mon chemin
que je voie le lendemain
que j'aperçoive le claire matin
et que je voie agir ta Main

27 Reçois mon adoration

Reçois mon adoration
toi qui es Roi des nations
assis sur ton trône de Gloire
environné de pierres d'ivoires

Garant de toutes mes victoires
Seigneur je veux te voir
que je reflète ta gloire
oh Dieu de mon savoir

Je viens dans ta présence
pour humilier mon cœur
avec reconnaissance
à ton endroit Seigneur

Toi qui fais la différence
dans ta superbe puissance
tu as toute ma confiance

28 Une vie nouvelle

Dans ton temple ton sanctuaire
Seigneur je viens avec crainte
à genoux et en prière
je dépose toutes mes plaintes

Je désire une vie nouvelle
pour ta gloire Dieu d'Israël
une relation spirituelle
avec toi Emmanuel

Je veux vivre dans ta Victoire
en ton Saint Nom je veux croire
me combler je veux te voir
accorde-moi tout ton Savoir

29 Que ma vie soit un miracle

Je veux prier au Dieu de sainteté
qu'il purifie mon cœur de saleté
qu'il me donne sa Pureté
et qu'habite en moi sa Divinité

Je veux prier au Roi sa Majesté
qu'il remplisse mon cœur de vérité
qu'il me donne sa Bonté
et qu'habite en moi sa Fidélité

Que ma vie soit un miracle
un réel tabernacle
loin d'être un mirage
mais un témoignage
pour le Dieu sans âge

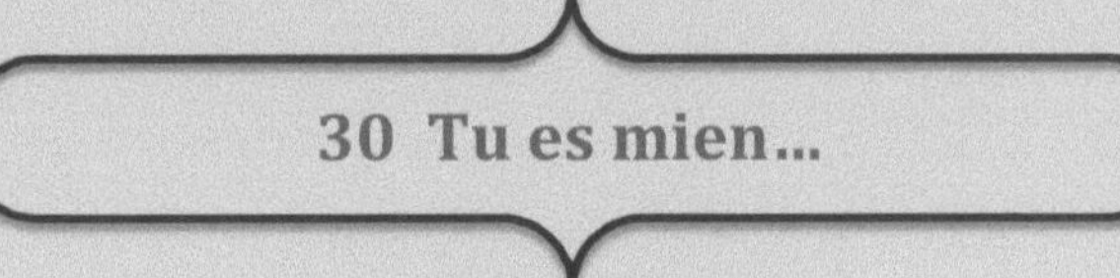

Je t'appelle
je te connais bien
saint et éternel
est notre lien

Dans ce monde
rien ne t'appartient
et si tu sonde
je suis ton seul vrai bien

Tu es mien
tu m'appartient
le monde ne t'offre rien

alors reviens
et ne craint rien
j'ai détruits tous tes liens

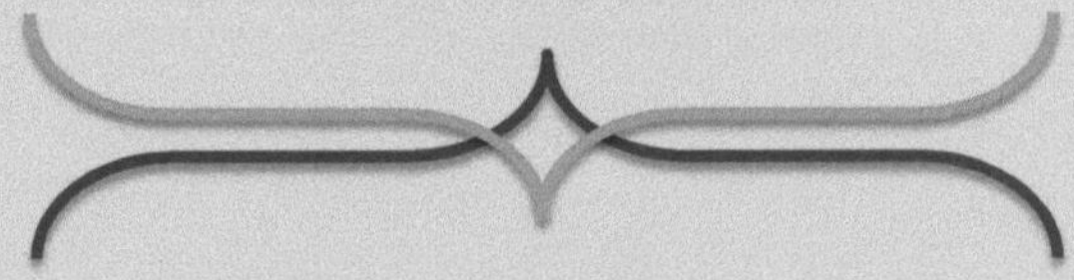

(à suivre)

Je t'invite
à ton héritage
tu n'habites
qu'un lieu de passage

ta conduite
ne vient pas d'un sage
reviens vite
car je suis ton partage

Apprends donc
à chercher ma Face
pour ton pardon
tu trouvera ma Grâce

Même sans un don
marche sur mes traces
alors réponds
car tes péchés j'efface

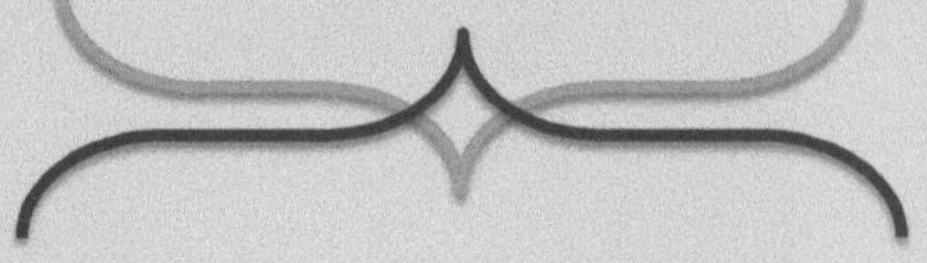

Des paroles de sagesse,

des pensées pour l'Humanité

Le passé est un abime entre l'éternité et le présent
il est en grand nombre remplit de douleurs et de regrets

Le futur reste un mystère,
il est de ce fait remplit d'inquiétudes et d'interrogations

Le présent comme son nom l'indique,
est en lui-même un Cadeau
et il est remplit de beaucoup d'autres cadeaux ;
il faut donc en profiter.
(JMP.)

Tout ce qui doit arriver, arrivera ;
inutile de s'inquiéter de ce qui peut arriver ;
car l'inquiétude, ne produit que plus d'inquiétude.
(JMP.)

On a coutume de dire :
« le bien et la mal marchent ensemble»
Si donc le bien et le mal marchent ensemble,
alors le mal et le bien marchent ensemble.

Autrement dit, il n'y a rien face à l'Homme qui soit mauvais ;
mais il n'y a que la manière dont l'Homme appréhende
la situation qui lui fait face.
Car le plus souvent Il oubli que face à une action,
il a le choix entres plusieurs autres réactions...

...c'est pourquoi, « ton attitude face à l'obstacle déterminera,
qui de toi ou de l'obstacle sera le vainqueur.
Car il faut comprendre que l'obstacle est avant tout un défi ;
il ne devient obstacle que lorsque
l'Homme abandonne le défi en s'avouant vaincu.
(JMP)

« Si vous percevez une situation désagréable
Non pas comme négative
Mais comme le besoin de changer
Quelque chose dans votre vie
Alors vous apprenez d'elle et vous gagnez »
(Bill Gates)

Les Merveilles de l'Eternel

Contemple oh Homme
les merveilles de l'Eternel !
N'oubli pas de faire la somme
des bienfaits de l'Immortel.
Et célèbre celui que tu nomme
Le vrai Dieu paternel

Remerciements :

A mes amis et frères dans le Seigneur,
je dis un grand merci.
Pour leurs prières et leurs bons cœurs
voici une belle œuvre accomplit

A vous aussi très chers lecteurs,
soyez bénis dans le nom du Seigneur.
Pour mon livre acheté et lu
j'espère que cela vous a plu

<u>Du même Auteur :</u>

"Bombe à retardement : un obstacle pour l'émergence"
Paru aux Editions Universitaire Européenne
au format e-book et papier (broché)

Un livre absolument captivant ayant pour sujet principal,
(La sexualité désordonnée des jeunes)
Recommandé pour tous les francophones en général,
et pour tous les africains en particulier.

(Faites preuve de curiosité, et vous ne serez pas déçus)

30 Poèmes chrétiens

Poésie chrétienne
(Tome 1)

(Expressions mélodiques religieuses)

JESUS-CHRIST
EST
SEIGNEUR

FIN

Poésie chrétienne
(Tome 1)

Des paroles mélodieuses religieuses pour la Gloire du Seigneur
des paroles mélodieuses religieuses à l'endroit de Jésus notre Sauveur.
Des mélodies pour rappeler au Seigneur ses promesses,
des mélodies pour nous éloigner de la tristesse.
Des expressions mélodiques qui nous encouragent et nous rassemblent,
des expressions mélodiques qui nous rapprochent de celui qui nous ressemble...

Paroles mélodieuses religieuses...
Pour tous ceux qui marchent sur la voie du Seigneur,
et ont fait de Jésus leur Sauveur.
Pour tous ceux qui veulent connaitre
les voies insondables de l'Eternel.
et vivre dans ce monde périssable en êtres immortels.
Pour tous ceux qui ignorent
la Grâce accordée à l'Humanité,
et qui se tiennent alors éloignés de la face
de celui qui règne dans toute l'éternité.
Pour encourager, pour fortifier, pour guider
tous ceux qui ont été cités plus haut
Mais aussi pour adorer, pour célébrer, pour magnifier
celui que l'on a nommé le Très-Haut...

Par Jean Marie Pendy. M
E-mail : pendyjm.eddy5@gmail.com

Printed by Books on Demand GmbH, Norderstedt / Germany